Bibliografische Information der Deutschen Nationalbibliothek:

Die Deutsche Bibliothek verzeichnet diese Publikation in der Deutschen National-
bibliografie; detaillierte bibliografische Daten sind im Internet über http://dnb.d-
nb.de/ abrufbar.

Impressum:

Copyright © 2016 GRIN Verlag, Open Publishing GmbH
Druck und Bindung: Books on Demand GmbH, Norderstedt Germany
ISBN: 9783668238596

Dieses Buch bei GRIN:

http://www.grin.com/de/e-book/333896/das-psychodrama-differenzierung-zwischen-
theater-als-unterhaltungsform

Jerome Meyer

Das Psychodrama. Differenzierung zwischen Theater als Unterhaltungsform und als therapeutische Methode

GRIN Verlag

GRIN - Your knowledge has value

Der GRIN Verlag publiziert seit 1998 wissenschaftliche Arbeiten von Studenten, Hochschullehrern und anderen Akademikern als eBook und gedrucktes Buch. Die Verlagswebsite www.grin.com ist die ideale Plattform zur Veröffentlichung von Hausarbeiten, Abschlussarbeiten, wissenschaftlichen Aufsätzen, Dissertationen und Fachbüchern.

Besuchen Sie uns im Internet:

http://www.grin.com/

http://www.facebook.com/grincom

http://www.twitter.com/grin_com

Kurt-Tucholsky-Gesamtschule

FACHARBEIT

PSYCHODRAMA

Grundkurs Deutsch

Relevanz des Themas

Meine Faszination für das Theater ist unbeschreiblich, weil jeder für sich individuell erleben muss, wie es sich anfühlt auf der Bühne zu stehen, denn dann versteht man auch erst, wie das Theater einen bewegen kann. Das Theater spricht die Wahrheit aus, die in der Realität hinter geschlossenen Türen bleibt. Der Schauspieler kann die Problematik aufgreifen, ohne persönlichen Schaden davon zu tragen, weil den Zuschauern das Gespielte nur als „Gespieltes" dargestellt wird und nicht als Realität, denn diese würde die Seifenblase in der der Zuschauer haust zerstören.

Wieso sollte man nicht die Rollen vertauschen und den Zuschauer, der sich vielleicht mit dem Protagonisten identifizieren kann, der die gleichen Probleme in seinen Herz trägt nicht dazu bewegen, auf der Bühne sein Leben Revue passieren lassen?

Ich selbst durfte die therapeutische Wirkung des Theaters in Ansätzen spüren.

Damit meine ich, dass ich mit anderen Menschen als Gruppe etwas auf der Bühne erschaffen durfte, dass uns allen in unseren Leben weiter helfen mag. Auf der Bühne durfte ich Rollen spielen, mit denen ich mich gar nicht identifizieren kann, aber ich lernte sie zu verstehen. Dadurch lernte ich Menschen aus einen anderen Blinkwinkel zu sehen und hinterfragte mich selbst, wieso die Person in einer Situation handelt, in der ich eigentlich ganz anders reagieren würde. Dieses Hinterfragen ist unter anderem eine „Formel zur Selbstoptimierung", die das Psychodrama dem Klienten vermitteln möchte.

Meine Arbeit thematisiert die therapeutische Wirkung des Theaters bzw. die Therapieform: „Psychodrama" im Vergleich zur alternativen, gängigen Methode der „Psychoanalyse" nach Freud. Im Fokus des ersten Teils meiner Arbeit möchte ich darstellen, ob und wie das Psychodrama als Therapie funktionieren kann. Dazu werde ich den Prozess des Psychodramas aufteilen in seine Grundfunktion und die Art und Weise wie diese auf den Menschen wirkt. Im zweiten Teil meiner Arbeit werde ich die Geschichte der Psychoanalyse nach Freud und ihre therapeutische Konstruktion beschreiben. Der dritte Teil widmet sich dem Roman „Einer flog über das Kuck-Kucks Nest" von Ken Kesey. Der Roman dient als Grundlage zur Gegenüberstellung des therapeutischen Theaters und der Psychiatrie. Darauf aufbauend wird im vierten Teil meiner Arbeit diskutiert, welche Vor- und Nachteile zwischen dem therapeutischen Theater und der Psychoanalyse sich ergeben.

Abschließend werde ich ein Fazit ziehen, inwiefern das Psychodrama nach Jacob L. Moreno den Menschen therapieren kann oder ob man auf kreative Formen verzichten und weiterhin auf die Psychoanalyse setzen sollte.

1. Differenzierung zwischen Theater als Unterhaltungsform und als therapeutische Methode

In der Geschichte unseres Menschendaseins, hatte der eine und der andere Mensch einen schöpferischen Einfall. Manche entwickelten wissenschaftliche Beiträge, die für unsere heutige Gesellschaft unverzichtbar sind, wie die Glühbirne. [1] In ihr pulsiert unvermeidliche Energie. Zu vergleichen sind manche Menschen, die den Wunsch hegen auf der Bühne zu treten und ihre Emotionen freien lauf lassen. In der griechischen Antike fanden diese eine Plattform, in der der Wunsch befriedigt wurde zu spielen, zugleich wurde der Zuschauer von diesem Spiel unterhalten. Man sah das Theater als Unterhaltungsform an, in der der Schauspieler eine Rolle spielt.[2] Und so wie alles auf Erden ein Entwicklungsprozess vollzieht, so entfaltet sich auch das Theater in neue Sparten. In alle denkbaren Formen wie das Sprech-, Musik- oder das Tanztheater.[3] Aber erst im 20. Jahrhundert sollte sich das Theater neu revolutionieren.[4]

Jacob. L. Moreno sah im Theater nicht nur den Unterhaltungszweck, sondern auch die Therapie. Der Ursprung des Psychodramas ist natürlich die Existenz vom Theater, ohne diese wäre die Methode des Psychodramas nicht zu realisieren, jedoch hat sie mit dem Theater als Unterhaltung kaum Gemeinsamkeiten.[5] Einer der wenigen und zugleich wichtigsten Gemeinsamkeiten ist, dass der Klient bzw. der Schauspieler Motivation für das Projekt hat, indem von ihm oft verlangt wird, mit einer Gruppe zusammen zu arbeiten, denn sonst ist die Aufführung bzw. in unseren Fall die Therapie zum Scheitern verurteilt. Für den therapeutischen Ansatz ist es besonders wichtig in einer Gruppe zu fungieren, denn nur so kann der Klient soziale Strukturen aufbauen bzw. Sozialkompetenzen erlernen.[6]

Das Ziel des therapeutischen Theater und des unterhaltenden Theaters unterscheidet sich aber wie Feuer und Wasser. Das Unterhaltungstheater, soll wie der Name schon sagt, den Zuschauer unterhalten. Die schauspielerische Leistung des Schauspielers hat höchste Priorität. Der Schauspieler versucht eine Rolle authentisch nach zu spielen, mit der er in seinem eigenen Leben kaum Gemeinsamkeiten hat. Das Psychodrama stellt eine ganz andere Priorität auf. Man hat kein festgelegtes Drehbuch, dem Folge zu leisten ist. Jeder der Klienten bzw. Schauspieler hat sein eigenes Drehbuch, denn sie stellen ihr eigenes Leben, ihr Schicksal, auf der Bühne dar.

---

[1] Erfinder: Heinrich Goebel http://www.wissen.de/wer-erfand-die-gluehbirne
[2] https://de.wikipedia.org/wiki/Theater_der_griechischen_Antike
[3] https://de.wikipedia.org/wiki/Theater
[4] Entwicklung des Psychodramashttp://www.psychodrama-netz.de/content/geschichte-des-psychodramas
[5] Jacob L. Moreno Psychotherapie und Psychodrama 1959
[6] Jacob L. Moreno Psychotherapie und Psychodrama 1959

1.1 Die Geschichte des Psychodramas

Im folgenden Text möchte ich gern die gegenwärtige Situation des Psychodramas in unserer Gesellschaft beschreiben und dessen Ursprung kurz erläutern. Jacob L. Moreno, der als Verfechter der Psychoanalyse nach Freud gilt war der Begründer des Psychodramas. [7] Seine psychotherapeutischen Methoden machten sich in der Gesellschaft breit. Besonders in der USA, England und in der Niederlande nahm man das Psychodrama positiv auf.

Moreno führte die Gruppentherapie und Gruppenpsychotherapie im Jahr 1931 ein. 1942 gründete er die Gesellschaft für Psychodrama und Gruppenpsychotherapie, welche die Aufgabe haben, die Publikationen Morenos zu verbreiten und andere interessierte Psychologen auszubilden.[8]

Heutzutage ist das Psychodrama in das Gesundheitswesen der USA fest integriert. In Deutschland hat sich in den letzten zwanzig Jahren ebenfalls viel getan. Es werden Therapeuten ausgebildet, die sich auf das Psychodrama spezialisierten. Im Vergleich zu den USA wird das Psychodrama, innerhalb der deutschen Gesellschaft noch nicht gänzlich akzeptiert. Ein Grund sei, dass die Gesellschaft in Deutschland gegenüber einige Themen wie die psychologische Beihilfe eher verschlossen hält.[9]

2. Die drei Phasen des Psychodrama

Der Prozess des Psychodramas besteht aus drei Hauptphasen.[10] Der Klient bzw. Schauspieler verfolgt in diesem Prozess, die Wahrheit durch eigenen ständiges Agieren auf der Bühne herauszufinden.

Die erste Phase wird als „Warming Up" bezeichnet, weil in dieser der Klient auf das eigentliche Theater spielen vorbereitet werden soll. Eines dieser Theaterspiele nennt sich „Status".[11] Es stehen fünf Stühle im Raum, die wie in einem Wartezimmer aufgestellt sind. Jeweils fünf Schauspieler werden ausgewählt, um verschiedene Haltungen bzw. Positionen einzunehmen. Jeder einzelne hat die Aufgabe eine Person darzustellen, die entweder sehr schüchtern, schüchtern, „normal" oder sehr selbstbewusst ist. Das Publikum bzw. die Klienten haben die Aufgabe zu sagen, wer welche Rolle spielt. Der Effekt dieses Spiels ist einerseits, dass der Patient sich auf die Hauptphase vorbereiten kann, in der er größere Aufgaben hat.

Andererseits hat diese Übung einen therapeutischen Effekt, denn der Patient wird dazu verleitet andere Haltungen einzunehmen, die er in der Realität gar nicht widerspiegelt.

---

[7] http://link.springer.com/chapter/10.1007%2F978-3-322-97414-3_5#page-1
[8] http://www.fuerst-psychodrama.at/moreno.pdf
[9] http://www.sueddeutsche.de/gesundheit/medizin-psychiatrie-entwertung-hinter-verschlossenen-tueren-1.2876702
[10] http://methodenpool.uni-koeln.de/download/psychodrama.pdf
[11] Jacob L. Moreno Psychotherapie und Psychodrama 1959

Damit möchte ich sagen, dass ein introvertierter Mensch eine neue Rolle einnimmt, die von ihm Selbstbewusstsein abverlangt. Dadurch kann der Charakter des Patientens bzw. seine Persönlichkeit eventuell schon gestärkt werden.

Die Hauptaufgabe die alle Klienten in der ersten Phase haben ist, innerhalb der Gruppe ein gemeinsames Problem zu finden.[12] Ein Beispiel dafür ist zum Beispiel, dass die Frauen, die sexuellen Missbraucht erlebt haben, keine Beziehung zu Männern aufbauen können. Und schließlich soll ein*e Protagonist*in ausgewählt werden, um an ihn*r explizit das Problem darzustellen bzw. herauszukristallisieren.

In der zweiten Phase beginnen die Klienten den Protagonist, also sich selbst zu spielen. Das heißt, dass er in dieser Phase keine fremde Person wie aus einem Roman darstellen soll, sondern sich selbst. Dabei stellt er die Geschehnisse, die in seinem Leben Probleme schaffen, dar.[13]

In der abschließenden dritten Phase versammeln sich die Klienten, um über ihre Gefühle, Eindrücke und Erfahrungen zu berichten. Nicht der Protagonist steht im Vordergrund, sondern jede einzelne Person, damit gewährleistet wird, dass jeder sich als vollwertiges und gleichberechtigtes Mitglied der Gruppe fühlt. Jedem wird mit voller Hingabe zugehört. Jeder Klient sollte seine Gefühle und seine Eindrücke, die er am Tag erlebt hat, innerhalb der Gruppe schildern. Damit die anderen Gruppenmitglieder und besonders der Gruppenleiter ihm sagen bzw. zeigen kann, wie er die Erfahrung im Alltagsleben anwenden kann.

2.1 Inhaltliche Zusammenfassung: „Einer flog über das Kuck-Kucks Nest"

Randle Patrick McMurphy befindet sich in einer psychiatrischen Anstalt, um seine Zeit im Knast zu überbrücken, weil er die Ansicht vertritt, dass es in der Psychiatrie angenehmer sei, als im Knast. Auf der Station befinden sich insgesamt 18 Patienten, 9 davon sind nicht mehr therapierbar, deshalb werden sie mit Medikamenten „still gelegt". Die Leitung der Anstalt ist eine Stationsschwester, die den Anschein wahren will, dass sie eine gütige und verständnisvolle Person sei. Jedoch müssen sich alle Klienten ihr fügen und ihre unbarmherzige Willkür ertragen. Einer der „nicht" therapierbaren wird „Chief Bromden" genannt. Der Indianer hat alle Insassen einschließlich die Stationsschwester davon überzeugt, dass er taubstumm sei. Kommen wir zurück zum „Raufbold", Freudemann, und Spieler McMurphy. McMurphy zeigt von Anfang an deutlich, dass er die Regeln, die die Stationsschwester für gut heißt, nicht befolgen will. Deshalb provoziert er sie, bei jeder ergiebigen Möglichkeit. Durch ihn verändert sich

---

[12]http://methodenpool.uni-koeln.de/download/psychodrama.pdf
[13]http://methodenpool.uni-koeln.de/download/psychodrama.pdf

der strikte Ablauf der Klienten enorm. Sie spielen Karten oder schauen sich ein Footballspiel an, obwohl dies nicht geduldet wird.

Die Stationsschwester, Miss Ratched, führt sorgfältig, die immer nach dem gleichen Muster geführten Gruppensitzungen durch, die dem Klienten helfen soll, seine Leiden zu mindern. Dabei herrscht eine angespannte Atmosphäre, die dadurch zustande kommt, weil Miss Ratched sich extrem autoritär verhält und die Klienten ihr hörig sein müssen. McMurphy fordert die anderen auf, dass sie sich selbstbewusst darstellen sollen. Sie sollen nicht in sich gekehrt sein, sondern frei reden, wann und wie sie wollen. Am Abend durchschaut McMurphy die simulierte Krankheit des Indianers. McMurphy ist begeistert von seiner List, und freundet sich mit dem Indianer an. McMurphy schafft es, den Chief aus seiner Rolle holen, indem er sich mit Mcmurphy unterhält und die sonst düstere Miene durch ein Lachen ersetzt. Der Streit zwischen Miss Ratched und McMurphy eskaliert, als er ein Schiffsausflug organisiert wird, bei den die anderen Klienten dabei sind. Nach dem Ausflug, kommt es zur einer Prügelei, weil einer der Klienten die Prozedur, der „Vernichtung der Keimlinge" nicht über sich ergehen lassen will. McMurphy beschützt den Klienten, indem er die anderen Pflegekräfte davon abhält den Klienten mit zu nehmen, indem er sie niederschlägt. Die Stationsschwester kommt das sehr gelegen. Sie kann durch diesen Vorfall, bei dem die Prügelei verletzten McMurphy „die allseits gefürchteten Elektroschocks anwenden". Nach der Prozedur, kehrt er zurück zur Station, sichtlich gezeichnet, spielt er die Folgen der Prozedur vor den anderen ins lächerliche, damit einerseits Miss Ratched nicht ihr Erfolgserlebnis genießen kann und andererseits die anderen Klienten nicht entmutigt werden. Am nächsten Tag hält Miss Ratched wieder einer ihrer Gruppensitzungen. Dabei hält sich McMurphy eher distanziert. Jedoch motiviert er die anderen ihre „Macken" zu akzeptieren und Selbstbewusst zu sein. Die anderen „Insassen" wollen McMurphy überzeugen, dass es keinen Sinn macht gegen die Stationsschwester zu kämpfen. Er solle lieber von der Station fliehen. Daraufhin organisiert McMurphy einen Ausbruch. Aber bevor er flieht, soll noch ein großes Fest gegeben werden zu seinem Abschied. Er organisiert zwei „leichte" Frauen, die den Alkohol mit bringen. Am nächsten Morgen eskaliert die Situation, als Miss Ratched, die Klienten einschließlich McMurphy schlafend auf dem Boden in der Station auffindet. Sie droht einen Klienten, seine konservative Mutter zu informieren, dass er mit einer der Frauen geschlafen hat. Daraufhin bringt der Klient sich um. McMurphy hat sich nicht mehr unter Kontrolle und würgt Miss Ratched bis zur Bewusstlosigkeit. Sie veranlasst, dass bei Mcmurphy eine Lobotomie[14] durchgeführt wird.

---

[14]Wird im Verlauf des Textes näher erläutert

Sein Freund, der Indianer findet McMurphy auf dessen Bett wieder, wie er dahin vegetiert. Der Indianer entschließt sich, aufgrund der Tatsache, dass McMurphy nicht so leben will, sein Leben zu beenden, indem er ihn mit einem Kissen erstickt. Zum Schluss des tragischen Endes zerstört der Indianer mit einem Wurf eines Waschbeckens das Fenster und flieht.[15]

2.2. Welche Wirkung hat der Roman auf die Psychiatrie und auf unserer Gesellschaft?

Im vorliegenden Text möchte ich gern die Wirkung des Romans auf unsere Gesellschaft und explizit auf die Psychiatrie darstellen. Der Roman bzw. die Verfilmung des Romans „Einer Flog über das Kuck-Kucks Nest" beeinflusste unsere Gesellschaft und die Psychiatrie nachhaltig. Erstmals wurde dem Bürger in den 60er bzw. 70er Jahren durch die Geschichte von McMurphy, die unmenschlichen Verhältnisse gezeigt, die oft in der Psychiatrie herrschten. Einer der bewegendsten Momente im Roman ist, als bei McMurphy eine Lobotomie durchgeführt wurde. Die Lobotomie wurde unter anderem bei Depressionen, Angstzustände oder Alkoholismus angewendet. Sie galt als „Wunderwaffe" in der Psychiatrie. Der Neurologe Walter Freeman war der Meinung, dass mit Hilfe einer Lobotomie also mit Schnitten ins Gehirn, den Menschen heilen könne.[16] Die unmenschliche Methode etablierte sich in den folgenden Jahren und Walter Freeman bekam, für seine „Wunderwaffe" gegen psychiatrische Störungen, sogar den Nobelpreis.[17] Schließlich folgten Tausende Operationen, die zur geistigen Degeneration führten oder zum Tode. Der Roman kritisiert erstmals die Methode und es wurde ein breites Spektrum in der Gesellschaft angesprochen.

Nicht nur die interessierten Doktoren, die die Lobotomie als mittelalterliches Folterinstrument ansahen, wurden informiert bzw. bestätigt, sondern auch Bürger und Bürgerinnen aus allen Schichten. Der Roman bzw. der Film hatte schließlich eine Schlüsselrolle für unsere Gesellschaft, denn der Film hatte einen nennenswerten Einfluss auf die Abschaffung der Lobotomie.[18]

Der Roman bietet so viele inspirierende Ansätze und Ideen für die Gesellschaft bzw. für die Psychiatrie. Warum auch nicht für das Psychodrama? Im folgenden Text möchte ich gern das Psychodrama mit dem Roman in Verbindung setzen, um einen näheren Einblick in das Psychodrama zu schaffen bzw. die Methoden der Therapeuten dem Leser besser zu veranschaulichen.

[15] Inhaltsangabe: http://www.dieterwunderlich.de/Kesey_kuckucksnest.htm
[16] http://www.geo.de/GEO/heftreihen/geokompakt/das-gehirn-lobotomie-tiefe-schnitte-ins-gehirn-57364.html?p=1
[17] http://www.geo.de/GEO/heftreihen/geokompakt/das-gehirn-lobotomie-tiefe-schnitte-ins-gehirn-57364.html?p=1
[18] https://de.wikipedia.org/wiki/Einer_flog_%C3%BCber_das_Kuckucksnest_(Film)

Ein Grundgedanke der mir vorschwebt ist einerseits, dass man die gänzlich unterschiedlichen Rollen analysiert, indem man in die jeweilige Rolle schlüpft. Der Klient bzw. Schauspieler bekommt dadurch eine ganz anderen Blinkwinkel, wenn er z.B. die Rolle des Betreuers einnimmt. Dadurch sieht er, wie dieser die Situation in der Psychiatrie wahrnimmt und welche schwere Last auf seinen Schultern lastet. Das Stück stellt den inneren Prozess dar, den jeder Mensch durchläuft in dem sich das „Über-Ich", das „Ich" und das „Es" befindet.[19]Das „Über-Ich" können die Betreuer im Stück darstellen. Das „Es" sind die Klienten und das „Ich" ist McMurphy, denn er steht zwischen den Betreuern und den Klienten. Natürlich können die drei Tendenzen auch anders interpretiert werden, aber dieses Beispiel kann eine Leitlinie für das Spielende darstellen. Aber nicht nur, das Schlüpfen in eine andere Rolle kann befreiend sein. Sondern auch das Spielen des eigenen Charakters kann zur Heilung dienen. Die Heilung ist Befreiung der unterdrückten Probleme durch das Nacherleben des belastenden Geschehens.[20]

Das Stück stellt so viele verschiedene Menschen dar, mit diversen Krankheitsbildern, die oft dem Klienten gleichen. Dadurch kann sich der Klient auf der Bühne, das Leid von seiner Seele spielen. Generell ist zu sagen, dass das Stück unsere Gesellschaft, die Psychiatrie und das Psychodrama nachhaltig geprägt hat.

3.Kurzbiografie Freud

Sigmund Freud wurde im Jahr 1856 in Freiberg in Mähren geboren und starb im Jahr 1939 in London. Er war ein österreichischer Arzt jüdischer Herkunft. Er war Tiefenpsychologie und Pionier der Psychoanalyse. Die Psychoanalyse definierte er als „eine analytische und therapeutische Methode sowie als theoretische Disziplin.[21]

Seine Forschung nahm nicht nur Einfluss auf die Psychologie, sondern beeinflusste auch die Medizin, die Anthropologie, Philosophie, Kunst und Literatur.[22] Seine Studien gelten in wissenschaftlichen Kreisen als Revolutionär, aber gleichzeitig werden sie sehr kontrovers diskutiert[23]

3.1.Was untersucht die Psychoanalyse?

Freud, der Begründer der Psychoanalyse, gebrauchte den Begriff der Psychoanalyse erstmals im Jahr 1896. Die Psychoanalyse bedeutet „die Theorie und Methode der Tiefenpsychologie

---

[19]http://www.klausschenck.de/ks/downloads/h97-1-psych.kv1.2jennifere.pdf
[20]https://www.bdp-verband.de/psychologie/glossar/psychodrama.shtml
[21]Station I: Freud zur Einführung
[22]Vgl. Püttmann/Rogowski: Von Freud zu Erikson 2008
[23]Püttmann/Rogowski: Von Freud zu Erikson 2008

zur Erklärung des seelischen Geschehens und zur Entstehung, Behandlung und Behebung psychischer Störungen" [24] Die Psychoanalyse setzt zentrale Prinzipien voraus die von großer Bedeutung seien. Jeder Klient habe Probleme. Diese seien durch Abwehrmechanismen im tiefsten Innersten des Klienten verborgen, jedoch werden sie meist durch Fehlhandlungen, Träume oder Fantasien zum Ausdruck gebracht. Und durch die Psychoanalyse könne man, die „Nachwirkungen" des seelischen Problems analysieren bzw. beheben.

3.1.1 Behandlungsmethode der Psychoanalyse

Das Ziel der Psychoanalyse ist es, unbewusste psychische Prozesse des Klienten zu untersuchen und ins Bewusstsein zu rücken. Der Psychoanalytiker hat die Aufgabe durch den Dialog, bzw. dem Gespräch mit dem Klienten seine unterdrückten Probleme aufzudecken. Nach Freud gibt es drei Instanzen die der Mensch in sich hat: „das Es" „das Über-Ich" und das „Ich". Das „Es" handelt nach den Instinkten des Menschen, also Triebe und Impulse, die das Individuum nicht steuern kann. Das „Über-Ich" formt sich aus den Normen und Werten, die unter anderem die Gesellschaft, Autoritätspersonen oder die Medien uns vermitteln. Aber auch durch jedes Ereignis, denn nach Freud prägt jedes Ereignis den Menschen das uns widerfährt. Dabei fungiert das „Ich" zwischen dem „Über-Ich" und dem „Es", um die beste Möglichkeit für sein Äquilibrium[25] zu erreichen.[26]

Wenn der Klient ein traumatisches Erlebnis in seinem Leben hatte, dann erfolgt eine unbewusste Anpassung der Verhaltensstragien des „Ich". Das „Ich" möchte mit den sogenannten „Abwehrmechanismen" verhindern, dass das seelische „Kartenhaus" auseinanderfällt. Meist kommt es zu den Abwehrmechanismen, wenn entweder das „Es" Triebe verspürt wie z.B. Martin ist sauer auf seinen Chef. Er traut sich aber nicht ihm die Meinung zu sagen weil, die Vorwürfe mit den moralischen Werten des „Über-Ich" nicht übereinstimmen, denn diese besagen, dass man dem Chef mit Respekt begegnen soll.

In diesem Fall, würde sich die sogenannte „Verschiebung" auftreten. Martin würde sich ein anderes Ventil suchen wie z.B. seine Freundin oder die Mutter, weil er von denen eher weniger negative Konsequenzen erwartet, als von seinem Chef. Die Handlung, dass er ein anderes Ventil sucht, ist ihm aber nicht bewusst. Seine unterdrückte Wut ist für diesen Moment befriedigt, aber das Problem ist nicht aus der Welt geschafft und es können noch mehr Probleme auftreten wie z.B., dass die Beziehung von Martin und

---

[24] http://www.klausschenck.de/ks/downloads/h97-1-psych.kv1.2jennifere.pdf
[25] Ein Gleichgewicht zu schaffen bzw. „in Harmonie" zu leben nach Jean Piaget
[26] http://www.paradisi.de/Health_und_Ernaehrung/Therapien/Psychoanalyse/Artikel/5860.php

seiner Freundin scheitert. Wenn sich Martin entscheiden würde, sich einer psychoanalytischen Prozedur zu unterlaufen, dann würde er gegenüber dem Analytiker auf einer Couch sitzen, weil das Praxiszimmer des Analytikers für den Klienten eine angenehme Atmosphäre schaffen soll, damit der Klient sich wohl fühlt. Martin wird nicht als Patient bezeichnet, sondern als „Klient", denn mit dem Begriff „Patient" würde man eher negative Attribute verbinden.

Der Klient hat die Aufgabe dem Analytiker <u>frei</u> zu erzählen, welche Gedanken er momentan hat. Es müssen nicht gezielt Konflikte bzw. Probleme sein, sondern oft sind es alltägliche, auf dem ersten Blick unwichtige Dinge, die der Klient doch auf seiner individuellen Art und Weise bewältigen möchte oder nicht bewältigen kann. Dadurch werden dem Analytiker Hinweise gegeben, welche seelischen Probleme der Klient hat.[27] Wie zum Beispiel, dass der Klient keine Glasflaschen kaufen kann oder bei Martins Fall, dass er Streit mit seiner Freundin hat. Der Psychoanalytiker hat zunächst die Aufgabe erst nur Notizen zu machen, was der Klient von sich preis gibt. Erst zum Schluss des Gesprächs werden die Informationen verknüpft, um ein Zusammenhang zu erstellen.[28] Es kristallisiert wird heraus, dass die Glasflasche doch eine wichtige Bedeutung für sein seelischen Leiden hatte, denn sein alkoholkranker Vater schlug den Klienten im Kindesalter mit einer Bierflasche nieder, die aus Glas bestand. Bei Martin ist der Streit auch nur ein „Symptom" für die Ursache. Der Psychoanalytiker schließt aus die Informationen heraus,die Martin ihm preisgegeben hat, dass der Grund eher die unterdrückte Wut auf dem Chef sei.

4. Vergleich zwischen der Psychoanalyse und das Psychodrama

Ich möchte gern im nächsten Abschnitt, die positiven sowie auch die negativen Aspekte des Psychodramas und der Psychoanalyse näher beleuchten.

Die Bühne bietet dem Klienten eine Plattform, die seit Jahrhunderten von Jahren als Schlachtfeld zu Stande kommt, indem traurige und herzergreifende Schicksale dargestellt werden, gleichzeitig dient die Bühne auch als Schauplatz für glückserfüllte, starke Menschen. Der Klient kann aus dem Allem einen Nutzen ziehen. Er kann durch das Spielen auf der Bühne den Schutz der Bühne genießen, denn die Theaterbühne ist ein Ort, in der die gesellschaftliche Akzeptanz im eigentlichen Sinn keinerlei Bedeutung hat. Ich möchte damit sagen, dass Themen die für unsere Gesellschaft als „unangenehm" erscheinen, sogenannte Tabuthemen, auf der Bühne frei dargestellt werden, aber in der Realität werden diese nicht öffentlich ausgetragen.

---

[27]http://www.bruehlmeier.info/freud.htm
[28]Arbeitsblatt: Freud Station I 2008

Ein weiterer Punkt der für mich sehr relevant erscheint, welcher von der Psychoanalyse in dieser Form gar nicht zu greifen ist, ist die soziale Stärkung des Klienten. Um eine erfolgreiches Endergebnis zu erreichen, muss der Klient sich in die Gruppe integrieren. Dabei spielt, aber das Endergebnis nicht die wichtigste Rolle, sondern der Weg zum Ziel. In der Gruppe werden dem Klienten soziale Kompetenzen abverlangt, wie z.B. sich in der Gruppe zu integrieren.[29] Diese Eigenschaften sind für das spätere Leben wichtig, weil der Klient zum Beispiel im Job auch in der Gruppe agieren muss. Menschen, die meist traumatische Erlebnisse hatten, distanzieren sich von ihrem Umfeld.[30] Sie sind introvertiert und sind mit sich selbst nicht zufrieden. Um diesen Zustand zu ändern, hat der Gruppenleiter, der gleichzeitig der Therapeut ist, die Aufgabe den Klienten sicher durch die Therapie zu führen. Der Klient überwindet beim Spielen seine Ängste und bekommt von dem Publikum, also von dem Betreuer und den anderen Klienten positive Resonanz. Dadurch bekommt der Klient erstmals, wieder ein direktes Erfolgserlebnis, durch sein autonomes agieren auf der Bühne. Schließlich kann der Klient im Projekt mit anderen Betroffenen reden, die das gleiche Schicksal mit sich tragen und somit ein Austausch vollzogen werden kann. Zum Beispiel, können sie sich beraten, wie sie mit ihren Probleme umgehen oder sie unterhalten sich über das Psychodrama und dadurch kristallisieren sich neue Aspekte heraus, die den jeweiligen Klienten noch nicht zum Vorschein kam.

Der zweite Punkt, der für das Psychodrama spricht ist, die befreiende, therapeutische Wirkung für die Seele des Klienten. Beim Psychodrama kann der Klient nicht nur seinen Schmerz verbal zum Ausdruck bringen, wie bei der Psychoanalyse, sondern mit seinem ganzen Körper, ob nonverbal, durch die Gestik oder Mimik. Er kann durch große Gestiken sein Schmerz auf der Bühne darstellen, um das Geschehen, was ihn bedrückt,wieder in sein Bewusstsein zu bringen, damit er das Geschehen autonom verarbeiten kann.[31] Der Klient kann auch in andere Rollen schlüpfen, die andere charakteristische Attribute besitzen als er. Somit kann er auch andere Perspektiven erreichen, die die Psychoanalyse dem Klienten nur bedingt zeigt. Er kann durch selbstbewusste, emanzipierte Rollen, sein eigenes Ich stärken, indem er nachvollziehen kann, wie diese Charakter in manchen Situationen reagieren, die ihm fremd sind oder vor dem er große Angst hat. Zum Beispiel, kann eine Rolle des „Womanizer" dem Klienten vermitteln, wie man mit Frauen spricht bzw. wie man sie beeindrucken kann.

---

[29] Jacob L. Moreno Psychotherapie und Psychodrama 1959
[30] https://www.christoph-dornier-klinik.de/de/betroffene-und-angehoerige/behandlungsangebot/traumafolgestoerungen/merkmale.html
[31] http://link.springer.com/chapter/10.1007%2F978-3-322-97414-3_5#page-1

Ein weiterer Punkt, der das Psychodrama ins positive Licht positioniert, ist die breite Zielgruppe, die das Psychodrama anspricht. Zum Beispiel, gewalttätige Menschen, die in der Inhaftierung sitzen, können durch das Psychodrama therapiert werden. Durch das direkte Konfrontieren, durch das Spielen des Szenarios, welches den Grund der Inhaftierung widerspiegelt, kann zu einen positiven Fortschritt führen. Wenn z.B. der Inhaftierte die Rolle des „Opfers" einnimmt und dadurch nach empfindet, wie die Gefühle des Opfers sind, kann es zur Einsicht kommen.

Schließlich ist noch zu erwähnen, dass die Verbindung zwischen Therapeut und Klienten beim Psychodrama eine andere Beziehungsebene erreicht als bei der Psychoanalyse. Der Therapeut ist gleichzeitig auch Gruppenleiter, der den Klienten durch das Projekt leitet, aber auch mit ihm interagiert. Dadurch, wird im Vergleich zur Psychoanalyse die Emotionale Distanz zwischen Klienten und Therapeuten verringert.[32]

Gleichzeitig kann die verringerte Distanz zwischen Klienten und Therapeut sich auf die Therapie negativ auswirken. Der Klient empfindet vielleicht für den Therapeuten „freundschaftliche" Gefühle und dadurch kann es sein, dass er in seinem Unbewussten, die Probleme noch stärker verankert sind, weil dieser den „Freund" nicht enttäuschen mag. Ein weiterer Punkt, der eher gegen das Psychodrama spricht ist, dass nicht jeder Mensch dazu geschaffen ist, auf der Bühne zu stehen und seine Geschichte zu erzählen. Menschen die unter einer Posttraumatischen Störung leiden, sind mit der Situation überfordert. Sie werden „ins kalte Wasser" geworfen, und können mit der Situation nicht umgehen. Sie haben Angst vor dem Versagen und verschließen sich dann. Deshalb muss das Psychodrama individuell auf das Krankheitsbild des Klientens angepasst werden.Ein weiterer Faktor, der zu Problemen führen kann ist das Arbeiten in einer Gruppe. Der Klient kann sich ausgeschlossen fühlen. Dadurch kann es dazu führen, dass er keine Motivation für das Projekt hat oder sich ebenfalls verschließt und somit wäre die Therapie ohne Erfolg.

Um eine erfolgreiche Therapie zu gewährleisten, muss der Therapeut den Klienten auf dessen Reise gut vorbereiten, damit der Klient sich mit voller Hingabe der Therapie widmen kann.

Eine gute Vorbereitung auf das Psychodrama kann oder muss meiner Meinung nach bei einigen Klienten die Psychoanalyse gewähren. Zum Beispiel, hat ein Klient furchtbare Angst in engen Räume oder , dass Aufhalten in großen Menschenmassen ruft bei ihn Panik hervor. Aber er kennt die Ursache nicht, dann kann das Psychodrama meines Erachtens nicht dessen ganze Wirkung entfalten. Die Psychoanalyse kann da entgegenwirken, indem der Therapeut erst mal diagnostiziert, wieso der Klient

---

[32] Amen Gerstmann Kramer Psychodrama 2004

panische Angst hat in engen Räume. Durch die Erkenntnis, welche Ursache diese Angst hervorruft, kann der Therapeut im Psychodrama umfassender therapieren.

Ein weiterer Punkt der für die Psychoanalyse spricht, ist die einzelne Betreuung in der Therapie. Meist wird beim Psychodrama in Gruppen gearbeitet. Bei der Psychoanalyse befasst sich der Therapeut in der Sitzung ausschließlich mit dem Klienten. Dadurch kann der Therapeut ihn mehr Aufmerksamkeit schenken.

Das Psychodrama bietet dem Klienten einen klaren Weg, den er zu durchlaufen. Damit möchte ich sagen, dass in der Gruppe ein gemeinsames Problem festgelegt, dass bei jedem zu lösen ist. Dagegen bei der Psychoanalyse kann der Klient alles erzählen. Was ihn belastet oder was er einfach nur am Tag gemacht hat. Es wird nicht gezielt auf etwas hingearbeitet, also natürlich auf die Genesung des Klienten, aber erst mal kann dieser frei erzählen und am Ende der Sitzung assoziiert der Therapeut das Gesprochene. Dadurch können auf dem ersten Blick sinnlose Begriffe, Sätze verknüpft werden und schließlich Hinweise zur Ursache geben. Letztendlich ist zu erwähnen, dass die Psychoanalyse mehrere Jahre beanspruchen und somit der Heilungsprozess ein langwieriger ist.[33]

5. Resumée

Zielsetzung meiner Facharbeit war, herauszustellen, ob das Psychodrama die Psychoanalyse nach Freud ersetzen kann. Meiner Meinung nach stellen sich durch meine Recherche viele positive Punkte hervor, die für das Psychodrama sprechen. Einerseits ist positiv zu kennzeichnen, dass der Klient durch das Psychodrama bzw. das Arbeiten in einer Gruppe vielversprechende Ansätze für seine Zukunft als gesunder Mensch vorbereitet wird. Ich möchte damit auf den Rollentausch hinweisen, in der der Klient in starke, emanzipierte Rollen schlüpft und dadurch neue Erkenntnisse gewinnen kann. Andererseits kann der Klient auf der Bühne seine Gefühle und sein Schicksal darstellen und dadurch kann er autonom seine Seele von negativen Gedanken lösen. Nicht nur verbal, wie bei der Psychoanalyse, sondern unter anderem auch nonverbal. Er kann durch das Spielen mit seinem ganzen Körper, seine Gefühle auf einer ganz anderen Art und Weise nachempfinden, welche die Psychoanalyse den Klienten nicht bieten kann. Jedoch bin ich der Meinung, dass man individuell auf dem Klienten eingehen muss, um zu entscheiden, ob das Psychodrama für ihn geeignet ist oder nicht. Die Psychoanalyse bietet den Klienten, der eher introvertiert sind, mehr Sicherheit, weil viele erkrankte Menschen einfach nicht in der Lage sind, ihre Probleme

---

[33]http://www.medizin-im-text.de/blog/2015/28/psychoanalyse-wirkt/

vor einem Publikum darzustellen, denn dazu braucht man sehr viel Mut und Vertrauen gegenüber des anderen Klienten und des Therapeuten.

Zusammenschließend möchte ich sagen, dass ich durch die Facharbeit viele und gleichzeitig wichtige Erkenntnisse gewonnen habe. Ich habe durch die Auseinandersetzung mit dem Psychodrama und der Psychoanalyse gelernt, dass man nicht pauschal sagen kann, welches sich aus der jeweiligen Therapie ergibt, weil man unsere Psyche nicht mit einer mathematischen Formel vergleichen kann, die man mit festgelegten Schritte „lösen" kann, denn die menschliche Psyche ist in ihrer Gesamtheit schwer zu fassen.

Der bewegendste Teil meiner Facharbeit war für mich die Auseinandersetzung des Romans „Einer flog über das Kuck-Kucks Nest". Die Geschichte von McMurphy hat mich sehr ergriffen und zeigt uns, dass es sich lohnt gegen den Strom zu schwimmen, auch wenn der Preis oft sehr hoch ist, aber dadurch kann man etwas Bewegen. McMurphy hat seinen Freund, den Indianer dazu bewegt sich von den Fängen der „Großen Schwester" zu lösen und schließlich konnte er ein eigenständiges Leben führen.

Literaturverzeichnis

Primärliteratur:

Moreno, Jacob L. Psychotherapie und Psychodrama 1959

Sekundärliteratur:

Püttmann/Rogowski: Von Freud zu Erikson 2008
Station I: Die Psychoanalyse nach Freud

Verfügbar am: 15.03.2016

http://methodenpool.uni-koeln.de/download/psychodrama.pdf
http://www.medizin-im-text.de/blog/2015/28/psychoanalyse-wirkt/
http://link.springer.com/chapter/10.1007%2F978-3-322-97414-3_5#page-1

https://www.christoph-dornier-klinik.de/de/betroffene-und-
   angehoerige/behandlungsangebot/traumafolgestoerungen/merkmale.html
http://www.bruehlmeier.info/freud.htm
http://www.klausschenck.de/ks/downloads/h97-1-psych.kv1.2jennifere.pdf
http://www.paradisi.de/Health_und_Ernaehrung/Therapien/Psychoanalyse/Artikel/5860.
   php
https://www.bdp-verband.de/psychologie/glossar/psychodrama.shtml
http://www.dieterwunderlich.de/Kesey_kuckucksnest.htm
http://www.geo.de/GEO/heftreihen/geokompakt/das-gehirn-lobotomie-tiefe-schnitte-ins-
   gehirn-57364.html?p=1
https://de.wikipedia.org/wiki/Theater_der_griechischen_Antike
http://www.wissen.de/wer-erfand-die-gluehbirne
https://de.wikipedia.org/wiki/Theater
http://www.psychodrama-netz.de/content/geschichte-des-psychodramas